Le monde merveilleux des animaux

LES DINOSAURES

Le monde merveilleux des animaux

LES DINOSAURES

Piccolia

5, rue d'Alembert
91240 Saint-Michel-sur-Orge
Dépôt légal : 1er trimestre 2013
Loi n°49-956 du 16 juillet 1949 sur les publications
destinées à la jeunesse.
Imprimé en Malaisie.

Il y a très longtemps – des millions d'années avant l'apparition de l'homme –, de formidables animaux ont existé sur Terre : les dinosaures.
Ils étaient d'apparence, de mode de vie et de taille bien différents.
Mais tous étaient des reptiles, naissant d'œufs !
Certains, souvent énormes, se nourrissaient d'herbe et étaient pacifiques. D'autres, carnivores, chassaient des animaux pour leur viande grâce à leur rapidité, leurs énormes dents pointues et leurs griffes acérées !

Il existe plus
de mille espèces
de dinosaures.
Apatausaurus est l'un
des plus imposants
de tous. Son museau
était muni de dents
en forme de peignes
dont il se servait pour
ratisser les aiguilles
de conifères...
sa nourriture préférée.
Car malgré son
énorme taille, il était
herbivore ! Pacifique,
il devait se défendre
contre les grands
prédateurs, tel que
Tyrannosaurus rex.

Certaines plantes du temps des dinosaures, comme le pin et le ginkgo, existent toujours aujourd'hui !

D'autres plantes ont disparu mais nous les connaissons grâce à leurs fossiles découverts dans la roche.

Grâce aux fossiles, on connaît les armes (dents, griffes, cornes...) des dinosaures. Ci-contre, une griffe de 15 cm de long de *Deinonychus* !

Quand des paléontologues (scientifiques) découvrent des fossiles sur un site, ils les extraient de la roche et les nettoient avec beaucoup de précaution.

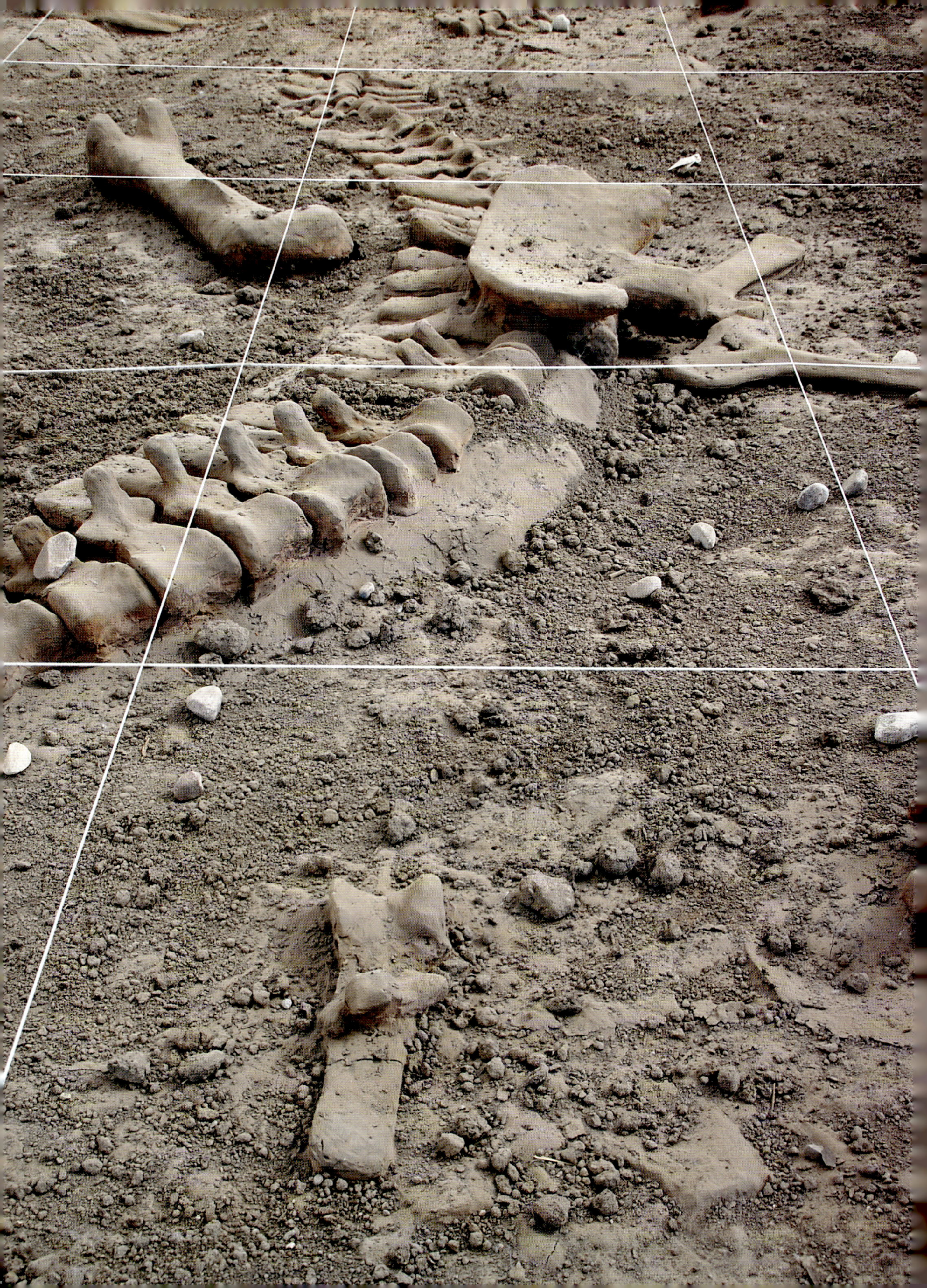

Tout ce que
nous connaissons
des dinosaures
est basé sur
l'étude de
leurs fossiles,
trouvés dans
le monde entier.

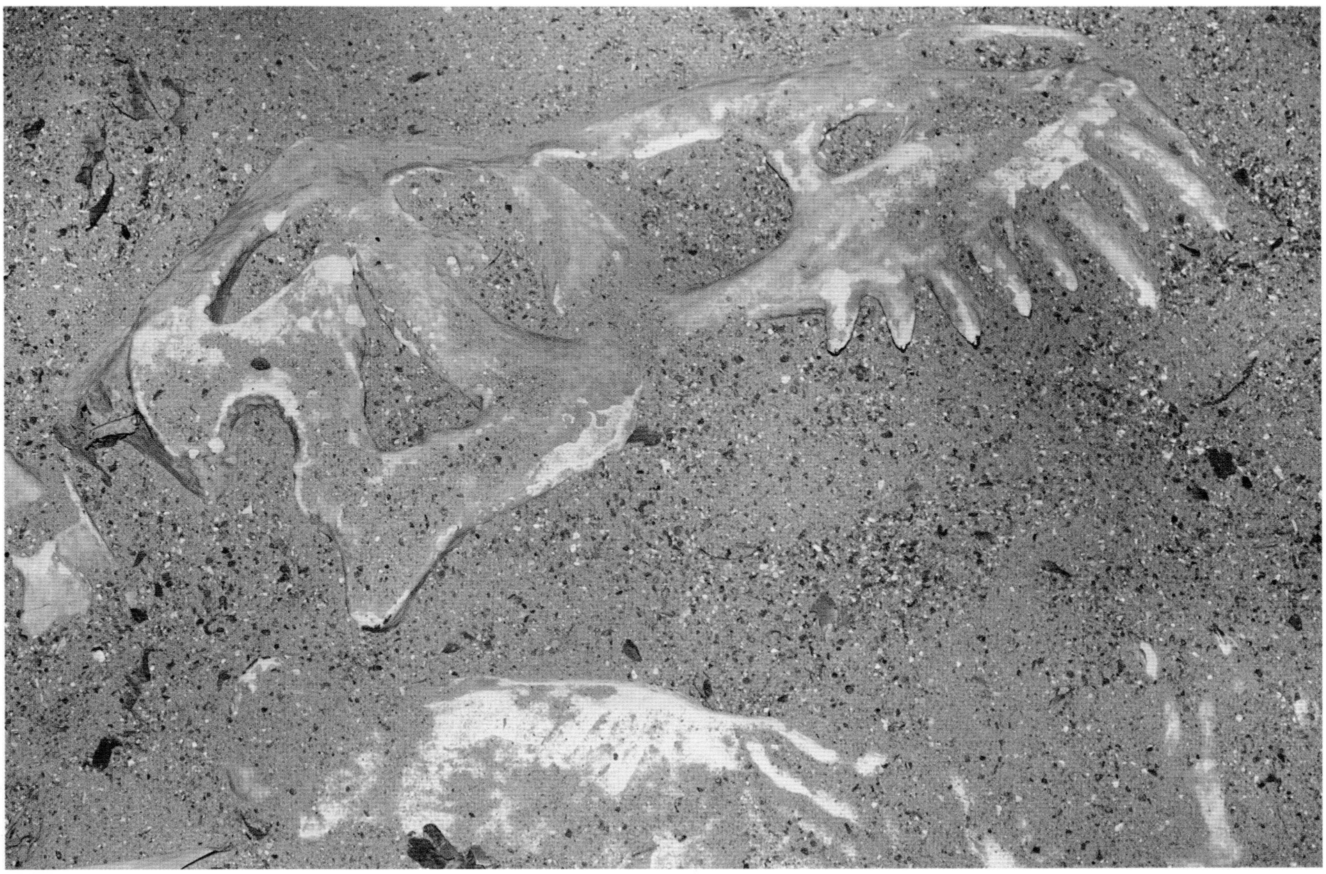

Pour découvrir ces formidables animaux en taille réelle, on peut se rendre dans un muséum d'histoire naturelle où leur squelette est reconstitué.

Hypsilophodon est l'un des plus petits dinosaures. Herbivore, il avait une arme de défense imparable face à ses prédateurs : sa rapidité ! Grâce à ses longues pattes arrière musclées, il pouvait s'enfuir à toute vitesse dès qu'un danger le menaçait.

Voici *Bambiraptor*.
Hormis son joli nom,
il n'a rien de mignon !
Haut de quelque
30 cm, ce redoutable
chasseur utilisait ses
griffes pointues et ses
dents tranchantes
pour tuer ses proies :
des serpents, des
lézards et peut-être
même des petits
dinosaures...
Bien qu'aucune plume
n'ait été découverte
près de son fossile,
les scientifiques
pensent que sa peau
en était couverte.

Le fossile
d'*Oviraptor* fut
trouvé au-dessus
d'un nid, laissant
supposer qu'il
couvait ses œufs
comme le font
les oiseaux actuels.

Vieux de millions d'années, ces œufs fossilisés nous apportent beaucoup d'indices sur la reproduction et le mode de vie des dinosaures.

En 1948, quand des scientifiques ont trouvé des fossiles de cet étrange animal, ils crurent qu'il s'agissait d'une tortue géante ! Et pour cause… *Therizinosaurus* possédait des griffes longues de 70 cm sur ses pattes avant. On ne sait pas précisément à quoi elles lui servaient, mais ses prédateurs devaient se méfier de ses armes terrifiantes !

Pteranodon appartient à la classe des reptiles mais n'est pas un dinosaure. L'envergure de ses ailes mesurait au moins 7 mètres ! Sa longue crête osseuse servait de contrepoids à son énorme « bec », et aussi de distinction entre mâles et femelles. Il se nourrissait de poissons qu'il gobait à la manière d'un pélican, car il lui était impossible de mâcher ses proies avec ses mâchoires dépourvues de dents !

Pesant environ 80 tonnes, *Brachiosaurus* fut l'un des plus lourds dinosaures. Vu son énorme stature et les végétaux peu nutritifs dont il se nourrissait, les scientifiques pensent qu'il passait la plupart de son temps à manger. Il avait des dents en biseaux, idéales pour arracher les feuilles... mais il ne pouvait pas les mâcher. Donc, il avalait des pierres – appelées gastrolithes – pour les broyer dans son estomac !

Carnotaurus paraissait terrifiant avec ses petites cornes triangulaires au-dessus des yeux et ses pattes avant minuscules en forme de moignons. Cependant, il avait un handicap : sa fine mâchoire inférieure fragile. Il ne pouvait s'attaquer aux gros dinosaures sans se la briser. De ce fait, on pense qu'il se nourrissait de petites proies qu'il tuait d'un coup de mâchoire supérieure.

Diplodocus est l'un des plus grands dinosaures mais aussi l'un des plus lents : malgré son immense corps, on pense que sa vitesse de déplacement ne dépassait pas les 14 km/h. Comme il ne pouvait pas fuir ses prédateurs, *Diplodocus* avait un système de défense imparable : il utilisait sa longue queue comme d'un fouet, pour maintenir ses agresseurs à distance.

Les empreintes fossilisées de *Diplodocus* et autres dinosaures nous ont donné des indices sur leur façon de marcher, leur taille et leur mode de vie.

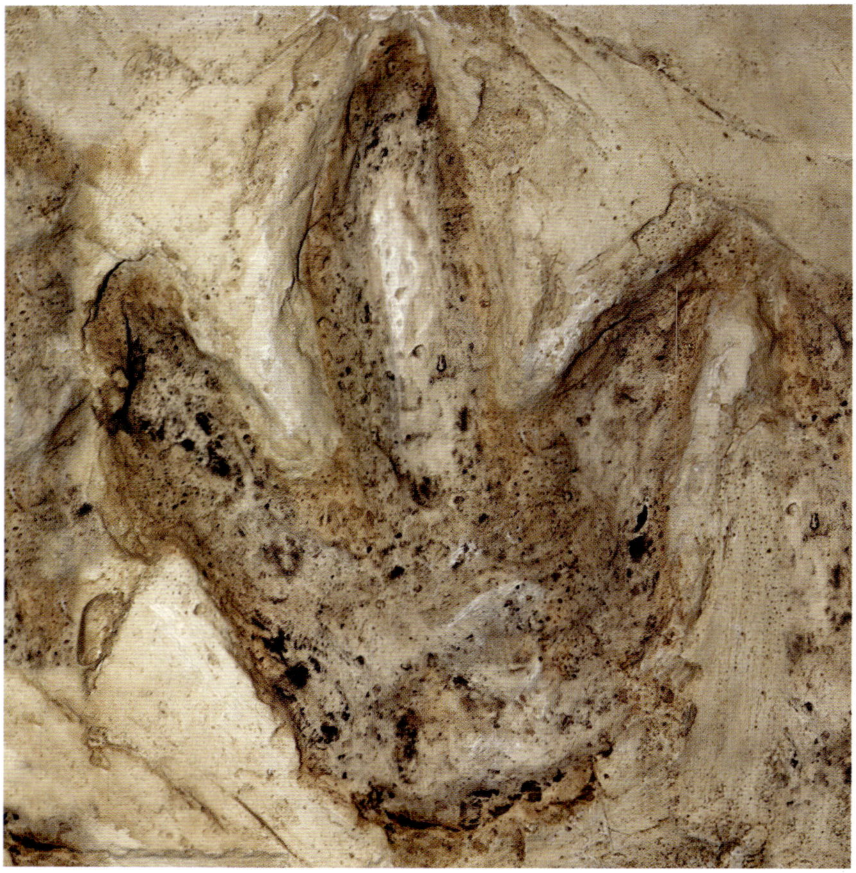

D'allure très étrange, l'herbivore *Stegosaurus* avait un corps imposant mais une toute petite tête ; son cerveau n'était pas plus gros qu'une noix ! Sur son dos voûté, se trouvaient 17 plaques triangulaires dressées le long de la colonne vertébrale – certaines mesuraient 76 cm de haut ! *Stegosaurus* possédait aussi sur sa queue deux paires de pointes aiguisées de 60 cm chacune qu'il utilisait pour se défendre.

Voici un dinosaure bien armé : *Styracosaurus*. Hormis sa solide cuirasse, il avait sur la tête des cornes, dont celle près du nez – longue de 60 cm – qui lui servait à encorner ses prédateurs. Sa tête était parée d'une collerette faite de muscles, de peau et de six grandes cornes orientées vers l'arrière. Creuses, légères mais fragiles, elles servaient probablement d'ornement de séduction pendant la saison des amours !

Des sculpteurs reconstituent minutieusement toutes sortes de dinosaures pour qu'on puisse les admirer en taille réelle.

Les infographistes
travaillent en
collaboration
avec les scientifiques
pour créer des
images de synthèse
proches de la réalité.
Ainsi, on peut se faire
une idée du monde
au temps des
dinosaures.

Seules les parties
dures d'un dinosaure
(os, dents, cornes,
œufs, crottes...)
se fossilisent.
Il n'a jamais été
retrouvé de fragments
de peau. C'est
pourquoi nous ne
savons pas si elle était
colorée ou non.
Chaque artiste donne
alors libre cours à
son imagination pour
colorer et faire revivre
ces étonnants
animaux !

Présent dans presque tous les films et jeux vidéo de dinosaures, qui ne connaît pas le célèbre *Tyrannosaurus rex* ? C'est l'un des plus grands carnivores de tous les temps. Il avait une tête pratiquement aussi longue que la taille d'un homme ! Ses solides mâchoires étaient équipées de dents aux bords crénelés ; il ne pouvait pas mâcher ni couper la viande mais la déchirer et même broyer les os !

On peut découvrir
les dinosaures en
taille réelle dans
les muséums mais
aussi dans des
parcs à thème du
monde entier.

Welcome to
DINOSAUR, COLORADO
Gateway to
DINOSAUR NATIONAL MONUMENT

Certains sites sont ouverts au public, permettant d'admirer sur place les fossiles de dinosaures.

Aujourd'hui encore, l'extinction
des dinosaures est un mystère !

Voici 65 millions d'années, tous les dinosaures ont disparu de la surface de la Terre. On ne sait pas ce qu'il s'est réellement passé à cette époque mais trois hypothèses sont émises : un refroidissement brutal du climat, ou la chute d'une météorite sur Terre ou encore, de colossales éruptions volcaniques privant la planète de lumière.

Quelle est leur taille ?

Avec des nombres, il n'est pas toujours facile de se rendre compte de la taille réelle des dinosaures. Ici, tu peux les comparer avec celle d'un homme.

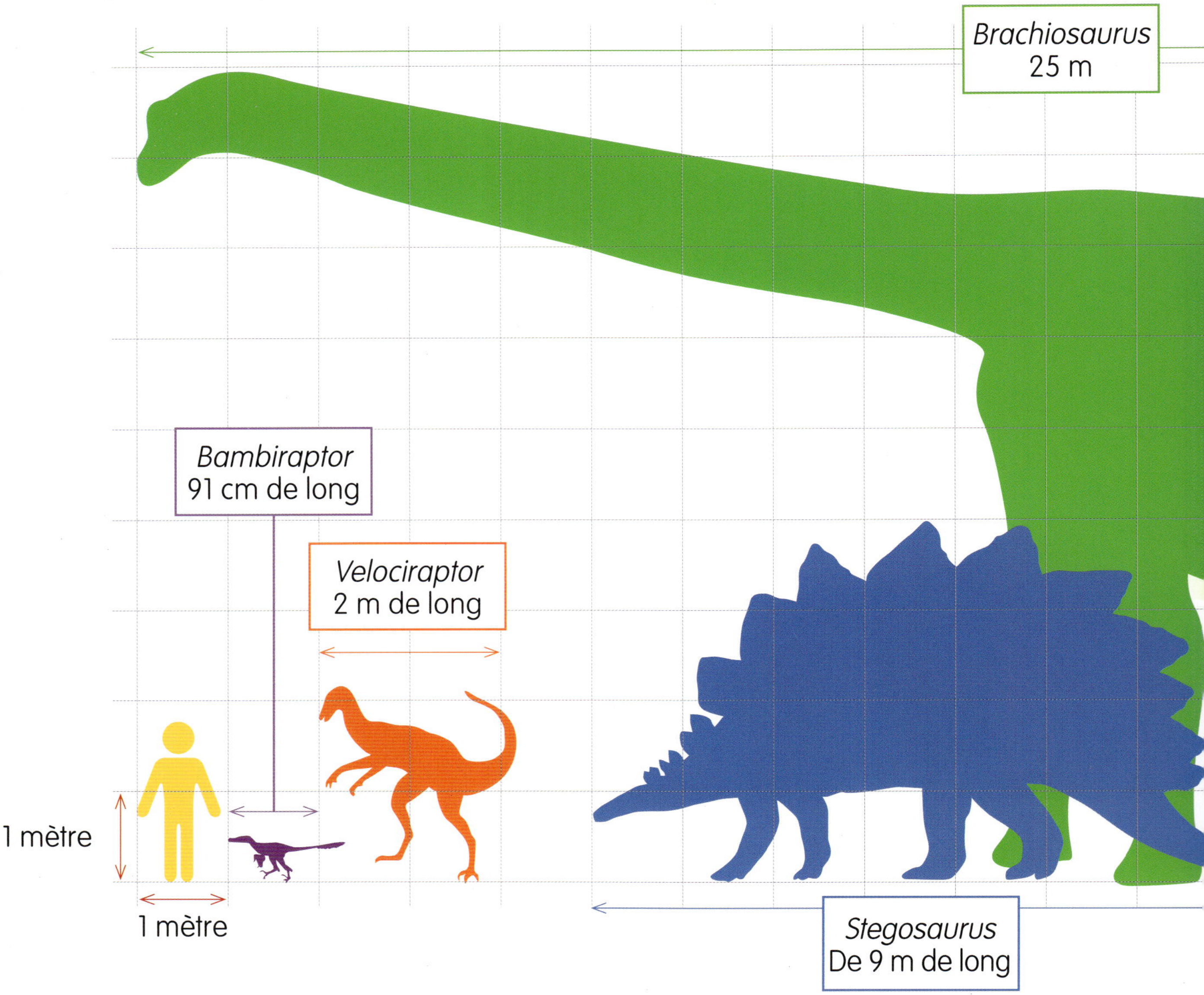

À quelle époque ont-ils vécu ?

Pendant le mésozoïque, l'ère des dinosaures a duré environ 165 millions d'années. Elle est divisée en trois grandes périodes : le trias, le jurassique et le crétacé.

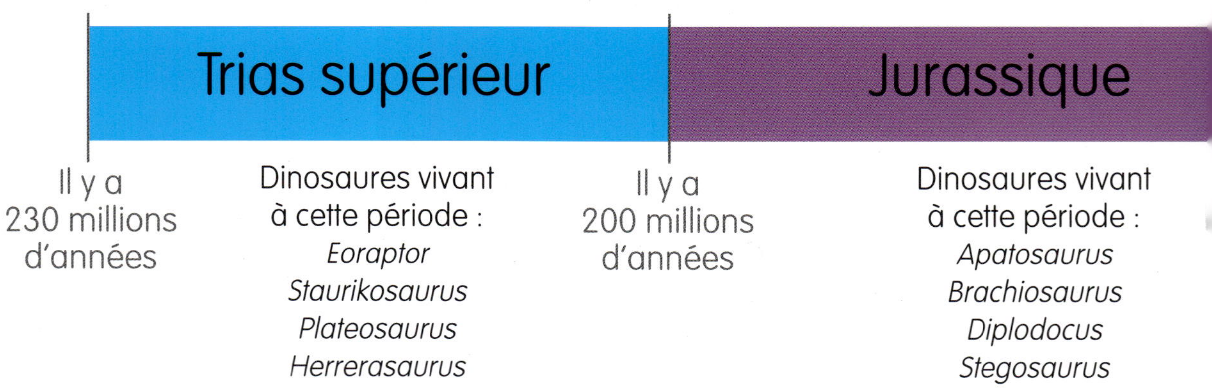

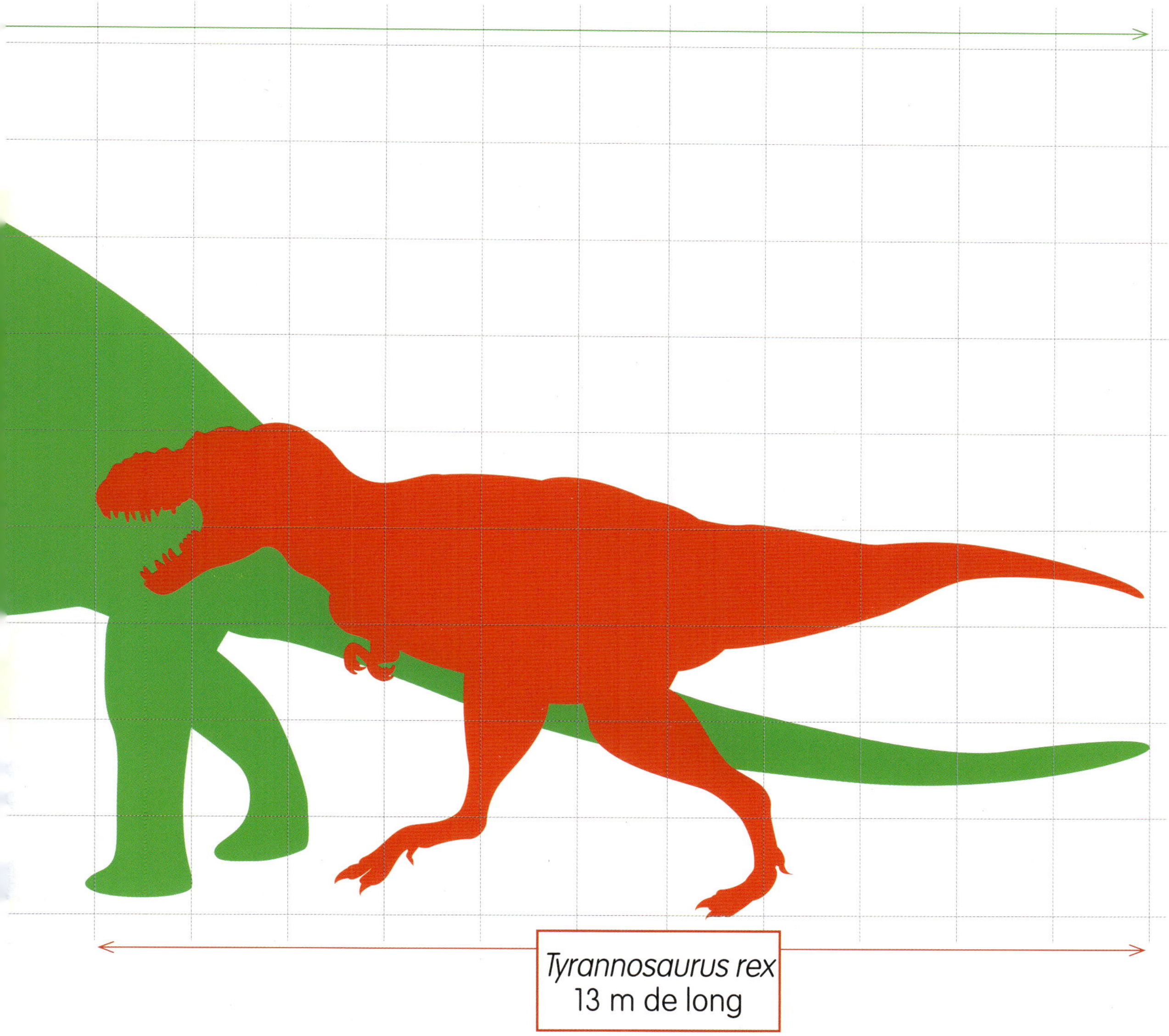

Crétacé

Il y a
140 millions
d'années

Dinosaures vivant
à cette période :

Bambiraptor
Carnotaurus
Tyrannosaurus rex
Therizinosaurus
Styracosaurus
Oviraptor
Hypsilophodon
Deinonychus

Il y a
65 millions
d'années

REMERCIEMENTS :

Pour l'élaboration de cet ouvrage,
nous tenions à remercier Nathalie Coët.

CRÉDITS PHOTOGRAPHIQUES :

Légende :
AG = © Alan Groves, Art Dinouveau Pty Ltd ;
DM = © Damir G. Martin, Pixelmind ;
CR = © Chris Rallis, The Bright Agency ;
SS = Shutterstock.

Couverture : SS ; 2, 5 DM ; 6 AG ; 8–9 DM ; 10, 11, 12, 13 SS ; 14 AG ; 14 SS; 15 AG ; 16, 17, 18, 19, 20 SS ; 20, 21 Jorg Hackemann/SS ; 22–23, 24–25, 26, 27 AG ; 28, 29 SS ; 30–31 DM ; 32–33 AG ; 34–35, 36–37, 38–39 DM ; 40, 41 SS ; 42–43, 44–45 DM ; 46, 47 AG ; 48–49, 50–51, 52–53 CR ; 54 Goran Cakmazovic/SS ; 54, 55 Elinag/SS; 56, 57 SS ; 58–59 DM ; 60, 61, 62–63 SS ; 64 DM.